Die Reli-Reise 1|2

Evangelische Religionslehre in der Grundschule
Ausgabe für Bayern

Autorinnen:
Sabine Grünschläger-Brenneke
Micaela Röse

Beraterin:
Christine Probst

Unter Mitwirkung von:
Christian Gauer, Simone Graser, Antje Kruza,
Hans-Jürgen Röhrig und Axel Wiemer

Ernst Klett Verlag
Stuttgart · Leipzig

Inhaltsverzeichnis

Komm mit in den Religionsunterricht! 4
Komm mit – wir machen eine Reise! 6

Kapitel 1 **Ich bin einmalig** **7**
So bin ich 8
Ich habe Gefühle 10
Jesus segnet die Kinder 12
Ich denke nach 14

Kapitel 2 **Wir gehören zusammen** **15**
Wir leben und lernen zusammen 16
Manchmal gibt es Streit 18
Jeder gehört dazu 20
Wir können einander helfen 22
Ich denke nach 24

Kapitel 3 **Ich kann vertrauen** **25**
Ich kann dir vertrauen 26
Abraham und Sara vertrauen Gott 28
Gott hält sein Versprechen 30
Mit Gottes Segen 32
Ich denke nach 34

Kapitel 4 **Ich kann mit Gott reden** **35**
Ich komme zur Ruhe 36
Bilder erzählen von Gott 38
Wir können Gott alles anvertrauen 40
Ich rede mit Gott 42
Ich denke nach 44

Kapitel 5 **Ich staune über die Schöpfung** **45**
Ich entdecke die Welt 46
Die Entstehung des Lebens 48
Gott als Schöpfer 50
Jeder ist in Gottes Schöpfung wichtig 52
Schöpfung bewahren 54
Gottes Schöpfung loben 56
Gott danken 58
Ich denke nach 60

Kapitel 6 **Ich bin auf meinen Wegen nicht allein** **61**
Mein Leben ist wie ein Weg 62
Ich gehe meinen Weg 64

Josef 66
Gott ist bei Josef 68
Ich denke nach 70

Kapitel 7 **Ich lerne Jesus kennen** **71**
Jesus kommt aus Galiläa 72
Jesus ist Jude 74
Jeder ist für Jesus wichtig 76
Jeder kann Jesus um Hilfe bitten 78
Jesus kannst du vertrauen 80
Ich denke nach 82

Kapitel 8 **Ich gehe in die Kirche** **83**
Ich lerne eine Kirche kennen 84
Die Kirche – ein Haus voller Leben 86
Die Kirche – ein Haus der Stille 87
Die Bibel – ein besonderes Buch 88
Ich denke nach 90

Kapitel 9 **Ich begegne Religionen** **91**
Wir sind verschieden 92
Evangelisch – katholisch 94
Ich lerne eine Moschee und eine Synagoge kennen 96
Leben in der Moschee und in der Synagoge 98
Ich denke nach 100

Kapitel 10 **Ich erlebe das Kirchenjahr** **101**
Unser Jahr 102
Advent 104
Scht, die gute Zeit ist nah 106
Weihnachten 108
Passion 110
Ostern 112
Osterbräuche 114
Weiter geht's im Kirchenjahr 116
Ich denke nach 118

Anhang **119**
Die Geschichten kenne ich
aus dem Alten und Neuen Testament 120
Spiel: Komm mit auf die Reli-Reise! 122
Arbeitsformen 124
Quellenverzeichnis, Impressum 128

Komm mit in den Religionsunterricht!

**Auf dem Bild siehst du,
was wir im Religionsunterricht machen.**

1 Manches gibt es nur im Religionsunterricht.
Erzähle, was du entdeckst.
2 Worauf freust du dich? Gestalte ein Bild.

Komm mit – wir machen eine Reise!

Text: Micaela Röse, Sebastian Schade / Musik: Sebastian Schade

Refrain:
Komm mit, komm mit, komm mit! Wir machen die Re-li-Rei-se, ent-de-cken nun die Welt auf uns-re Wei-se. Komm mit, komm mit, komm mit! Wir machen die Re-li-Rei-se, gehn auf die Su-che, mal laut und auch mal lei-se.

Strophe:
1. Da-bei ist ein Kof-fer, die Bi-bel da-rin. Du fin-dest hier Schät-ze, sie ge-ben dir Sinn. Gott und Je-sus sind uns-re Be-glei-ter. Wir hö-ren Ge-schich-ten und den-ken selbst wei-ter.

2. Auch eine Lupe
gehört mit dazu.
Wir entdecken ganz viel,
denn forschen, das kannst du.

Wir sind ganz verschieden,
doch niemals allein.
Wir lernen zusammen,
Gemeinschaft woll'n wir sein.

Dieses Lied nimmt euch mit auf eine Reise durch den Religionsunterricht. Ihr könnt es immer zu Beginn der Religionsstunde singen.

1 Ich bin einmalig

So bin ich

1 Das Bild auf dem Tisch hat ein Kind aus der Klasse gemalt. Beschreibe, was das Bild über dieses Kind erzählt.
2 Was möchtest du deinen Mitschülerinnen und Mitschülern über dich erzählen?
3 Gestalte ein Bild von dir.

Du bist spitze, du bist genial

Text und Musik: Uwe Lal
© ABAKUS Musik Barbara Fietz, Greifenstein

Refrain
Du bist spit - ze, du bist ge - ni - al,
je - man - den wie dich, den gibt es nicht noch mal. So
wie du bist, so bist du wirk - lich toll. Du
kannst so viel, ist das nicht wun - der - voll?

Strophe
1. Dein Ge - sicht, to - tal ein - ma - lig auf der Welt, dei - ne
Ar - me, dei - ne Bei - ne sind der Clou. Nie - mand
denkt und fühlt grad so, wie du es tust, kei - ner
lacht und singt und tanzt ge - nau wie du!

2. Auch wenn du dich manchmal selbst nicht leiden kannst,
und dich fragst, ob du auch wirklich wichtig bist.
Wir sind froh, dass es dich gibt auf dieser Welt,
gäb's dich nicht, dann hätten wir dich sehr vermisst.

1 Singt das Lied gemeinsam
und macht zu dem Refrain die passenden Bewegungen.
2 Was ist besonders an dir? Was kannst du alles?
Spiele es ohne Worte vor.

Ich habe Gefühle

1. Schau dir die Spiegelbilder genau an. Welche Gefühle zeigen die Gesichter der Kinder? Beschreibe sie.
2. Was könnten die Kinder erlebt haben? Tauscht euch darüber aus.
3. Erzähle, was den Kindern in diesen Situationen hilft oder gut tut.

Ich bin fröhlich, wenn ...
Ich bin ängstlich, wenn ...
Ich bin traurig, wenn ...

Ich bin wütend, wenn ...
Und heute bin ich ...

4 **Stell dir vor, du schaust in einen Spiegel.
Welches Gefühl von dir könntest du sehen?
Zeige es deinen Mitschülerinnen und Mitschülern
und lasse sie raten.**

Jesus segnet die Kinder

Viele Menschen wollen Jesus sehen und hören.

Sie bringen ihre Kinder zu ihm.

Die Jüngerinnen und Jünger möchten das nicht.
Sie schicken die Kinder weg.

Jesus ärgert sich über
die Jüngerinnen und Jünger.
Er sagt zu ihnen:
„Lasst die Kinder
zu mir kommen."

Jesus nimmt die Kinder
in den Arm.
Er segnet sie.

1 **Die Bilder erzählen eine Geschichte
aus der Bibel (Markus 10, 13-16).
Berichte darüber, was du auf ihnen entdeckst.**
2 **Überlegt euch, was Jesus über die Kinder denkt.
Woran könnt ihr das erkennen?**
3 **Was denken und fühlen die Kinder,
als Jesus sie segnet? Sprecht darüber.**
4 **Spielt die Geschichte mit Figuren nach.**

Ich denke nach

„Das möchte ich noch wissen ..."

„Das habe ich über mich und meine Gefühle erfahren ..."

„Das habe ich über Jesus erfahren ..."

Warum ist es wichtig, dass wir Gefühle zeigen können?

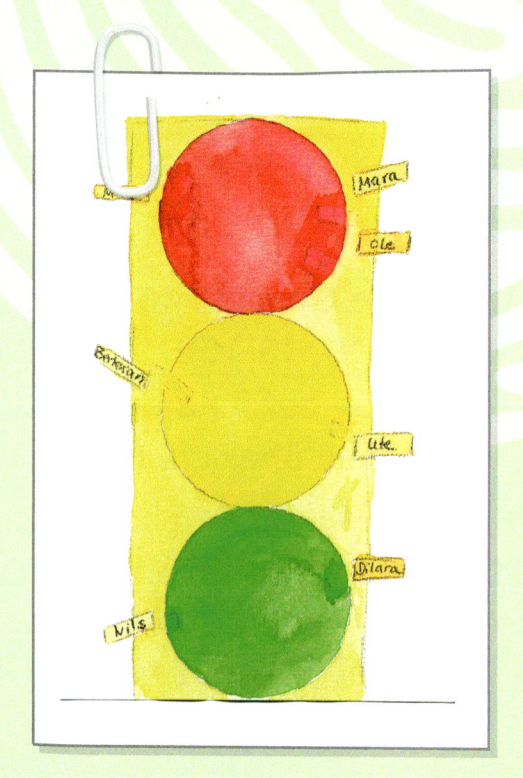

1 **Bastelt eine Gefühleampel für eure Klasse.**

2 Wir gehören zusammen

Wir leben und lernen zusammen

16

Zusammen leben und lernen kann schön und schwierig sein.

1 Erzähle, was du auf den Fotos entdeckst.
2 Sprecht darüber, welche Menschen in eurem Leben wichtig sind und was ihr zusammen macht.
3 Teilt das, was ihr besonders wichtig findet, der ganzen Klasse mit.

Manchmal gibt es Streit

1 Wie ist es zu den Streitsituationen auf den Bildern gekommen? Erzählt eine Geschichte dazu.

Die Albert-Einstein-Schule hat eine Projektwoche zum Thema „Was tun bei Streit" durchgeführt. Die Gruppen sind zu unterschiedlichen Ergebnissen gekommen. Diese hängen am Tag der Präsentation im Eingangsbereich der Schule.

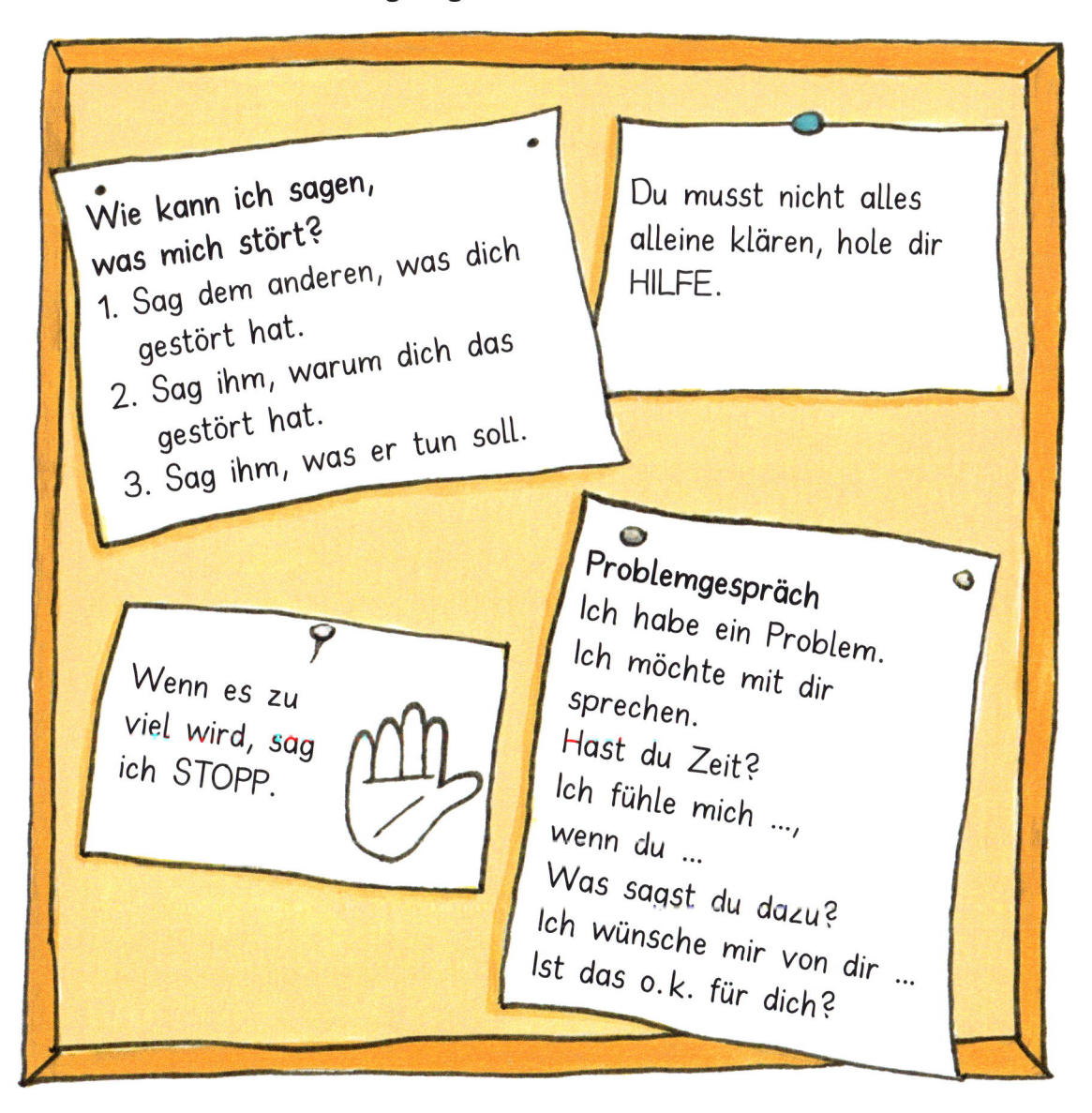

Wie kann ich sagen, was mich stört?
1. Sag dem anderen, was dich gestört hat.
2. Sag ihm, warum dich das gestört hat.
3. Sag ihm, was er tun soll.

Du musst nicht alles alleine klären, hole dir HILFE.

Wenn es zu viel wird, sag ich STOPP.

Problemgespräch
Ich habe ein Problem.
Ich möchte mit dir sprechen.
Hast du Zeit?
Ich fühle mich ...,
wenn du ...
Was sagst du dazu?
Ich wünsche mir von dir ...
Ist das o.k. für dich?

1 Überlegt euch eine Streitsituation oder wählt eine von Seite 18 im SB aus. Führt mit Hilfe der Tipps auf dieser Seite ein Gespräch, um den Streit zu lösen.

2 Gestaltet für eure Klasse ein eigenes Plakat zum Thema „Was tun bei Streit?".

Jeder gehört dazu

Manchmal seh ich rot

Text und Musik: Sebastian Schade

Strophe
1. Manch-mal, ganz plötz-lich, und ein Streit ent-steht.
Ein Wort, das ver-letzt, ein Schmerz, der nicht geht.
Manchmal kann ein Streit zwischen Freunden ge-schehn.
Dann ist es nicht leicht, auf-ein-an-der zu-zu-gehn.

Refrain
Ich se-he rot, wenn ich wü-tend bin. Bei Gelb komm lang-sam zu mir hin. Wenn ich fröh-lich bin und la-chen kann, ist bei mir die grü-ne Lam-pe an.

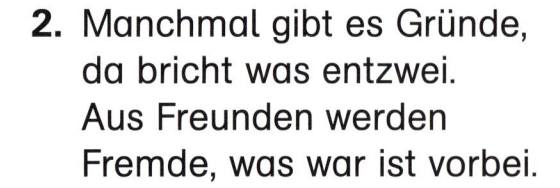

2. Manchmal gibt es Gründe,
da bricht was entzwei.
Aus Freunden werden
Fremde, was war ist vorbei.

Manchmal hilft es dann,
sich aus dem Weg zu gehn.
Vielleicht eines Tages kann
man sich wieder verstehn.

1 Singt das Lied. Erinnert euch dabei an die Gefühleampel. Begleitet den Refrain mit passender Mimik (Gesichtsausdrücken) und mit Gesten (Bewegungen).

1 Diese Bilder zeigen eine Geschichte von Jesus (Markus 2, 13-17). Sie steht in der Bibel. Beschreibe, was du siehst.

2 Für alle Menschen ist es wichtig, Teil einer Gemeinschaft zu sein. Nenne Beispiele, die davon erzählen.

Wir können einander helfen

Lisa hilft ihrer Oma.

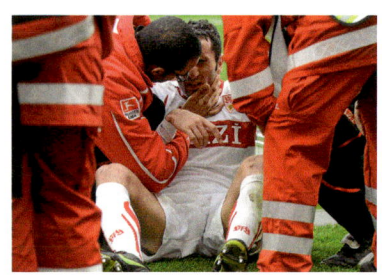

Die Sanitäter helfen dem Fußballspieler.

Franz hilft Jonas beim Drachensteigen.

St. Martin hilft dem Bettler.

Jesus sagt: „Liebe deinen Nächsten wie dich selbst."

Frau Müller hilft bei der Aktion „Warmes Essen für alle Kinder".

Die Klasse 2b hilft bei dem Projekt „Weihnachten im Schuhkarton".

1 Hier siehst du Menschen, die helfen. Beschreibe, was sie tun.
2 Hast du auch schon einmal jemandem geholfen? Erzähle davon.
3 Jesus gibt den Menschen einen Auftrag. Was bedeutet er für dich? Sammelt eure Gedanken auf einem gemeinsamen Plakat.

Die Schülerinnen und Schüler planen einen Aktionstag zum Thema „Helfende Hände". Sie schreiben auf, was sie bedenken wollen.

Wo ist unsere Hilfe nötig?

Wen können wir ansprechen?

Wie können wir helfen?

Helfen macht Freude, weil …

Helfen ist anstrengend, weil …

Helfen ist …, weil …

1 **Plant wie die Schülerinnen und Schüler auf dem Bild eine eigene Hilfsaktion.**
2 **Wenn ihr die Aktion durchgeführt habt, sprecht über eure Erfahrungen.**

Ich denke nach

„Jemand ist ein guter Freund, wenn ..."

„Wenn Streit entsteht, dann ..."

„Wenn wir so zusammen leben, wie Jesus es sich vorstellt, dann ..."

Wie wäre es, allein auf der Welt zu sein?

1 **Gestalte ein Netzbild:**
Welche Personen sind dir wichtig?
Schreibe ihre Namen auf Papierstreifen.
Du kannst sie auch malen.
Klebe die Streifen wie ein Netz auf ein Blatt.

3 Ich kann vertrauen

Ich kann dir vertrauen

1. Beschreibe die Gefühle der beiden Kinder auf dem Bild.
2. Führt euch mit verbundenen Augen durch die Klasse.
3. Erzählt von euren Erlebnissen und Gefühlen.

Wem kann ich vertrauen?

Papa — Gott — Oma

Ich vertraue meiner Mama, weil ...
... sie mich versteht.

4 Wem vertraust du?
Erstelle eine eigene Mindmap (➞ 127).
5 Ergänze Beispielsätze: Ich vertraue ..., weil ...

Abraham und Sara vertrauen Gott

Abraham und Sara wohnen in Haran.
Dort lebt auch ihre ganze Familie.
Abraham und Sara geht es gut.
Gott sagt zu Abraham:
„Verlasse dein Land und deine Verwandten!
Ich zeige dir ein neues Land. Ich begleite dich auf dem Weg.
Ich segne dich. Du wirst der Vater eines großen Volkes sein."
Abraham erzählt Sara,
welchen Auftrag Gott ihm gegeben hat.
Abraham und Sara überlegen, ob sie gehen sollen.

nach 1. Mose 12, 1–3

1 **Abraham und Sara müssen eine Entscheidung treffen. Denkt euch ein Gespräch aus und spielt es in einem Rollenspiel (127) vor.**

Abraham und Sara machen sich auf einen langen Weg, weil sie Gott vertrauen.
Sie nehmen ihre Knechte und Mägde mit und ihre Tiere.
Nach einer langen Zeit kommen Abraham und Sara nach Kanaan.
Gott sagt zu Abraham:
„Das ist das Land, das ich dir versprochen habe."

nach 1. Mose 12, 4–7

2 **Beschreibe die Gefühle von Abraham und Sara, als sie Gott vertrauen und ihre Verwandschft verlassen.**

3 **Malt Abraham und Sara bei ihrer Ankunft in Kanaan. Schreibt in Sprechblasen und Denkblasen, was sie sagen und denken.**

Gott hält sein Versprechen

Geh, Abraham, geh

Text und Musik: Gerold Schele
© 1985 SCM Hänssler, D-71087 Holzgerlingen

1.-4. Geh, A-bra-ham, geh, mach dich auf den Weg!
Geh, A-bra-ham, geh, Gott zeigt dir neu-es Land.
1. Und A-bra-ham zog da-rauf fort, ver-ließ sein Va-ter-land.
Er glaub-te Got-tes Sen-dungs-wort, auch wenn er's nicht ver-stand.

2. Ach Bruder, rede jetzt nur nicht von einer anderen Zeit.
   Wenn Gott zu seinen Leuten spricht, dann gilt das auch noch heut.

3. Solange du noch zweifelnd fragst, bleibt Gott unendlich fern.
   Doch wenn du es mit ihm jetzt wagst, wie hätte Gott das gern!

4. Hast du erst mal den Schritt getan und schaust dann zurück,
   dann fängst du Gott zu loben an und sprichst vom großen Glück.

1 Bewegt euch zu diesem Lied wie eine Karawane.

Abraham sagt zu Gott: „Sara und ich sind alt.
Wie sollen wir noch ein Kind bekommen?"

Gott antwortet: „Sieh, die Sterne! Kannst du sie zählen?
So viele Nachkommen werdet ihr haben!"

Abraham und Sara freuen sich,
als ihr Sohn Isaak geboren wird.
Sie sagen: „Gott hält, was er verspricht.
Wir können ihm vertrauen."

nach 1. Mose 15, 1–6 und 1. Mose 21, 2f

2 **Schaue dir die ganze Geschichte von Abraham und Sara noch einmal an. Erkläre, woran Abraham und Sara merken, dass Gott seine Versprechen hält.**

Mit Gottes Segen

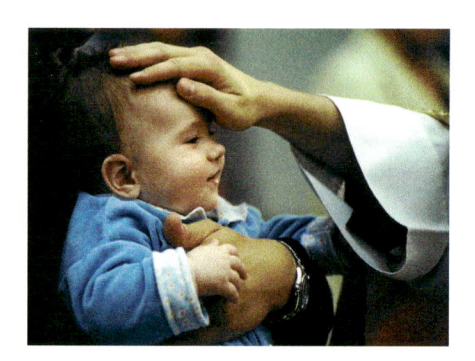

Fröhlich gehe ich, denn der Herr segnet mich.

Bleibe bei uns alle Zeit, segne uns, segne uns, denn der Weg ist weit.

Gott segne dein Leben.

Viel Glück und viel Segen auf all deinen Wegen.

Der Herr segne dich und behüte dich.

1 Sprecht über die Bilder und Segensworte.
2 Schreibe einen eigenen Segensspruch.
3 Segen ist etwas Kostbares. Falte dir ein Schatzkästchen und lege (d)ein Segenswort hinein.
4 Spürt, wie es sich anfühlt, Segen zu empfangen und weiterzugeben. Probiert es selbst aus.

Bewahre uns, Gott

Text: Eugen Eckert / Musik: Anders Ruuth
© (Text) Strube Verlag GmbH, München-Berlin
© (Musik) Carus-Verlag, Stuttgart

1. Be-wah-re uns, Gott, be-hü-te uns, Gott, sei mit uns auf un-ser'n We-gen. Sei Quel-le und Brot in Wüs-ten-not, sei um uns mit dei-nem Se-gen. Sei gen.

2. Bewahre uns, Gott, behüte uns, Gott, sei mit uns in allem Leiden.
Voll Wärme und Licht im Angesicht, sei nahe in schweren Zeiten.

3. Bewahre uns, Gott, behüte uns, Gott, sei mit uns vor allem Bösen.
Sei Hilfe, sei Kraft, die Frieden schafft, sei in uns, uns zu erlösen.

4. Bewahre uns, Gott, behüte uns, Gott, sei mit uns durch deinen Segen.
Dein Heiliger Geist, der Leben verheißt, sei um uns auf unser'n Wegen.

1 Gestaltet eine Segensfeier in eurer Klasse:
- **Macht leise Musik und zündet eine Kerze im Glas an.**
- **Legt eure Segenskästchen auf einen Tisch.**
- **Sprecht den Liedtext zuerst leise in Gedanken und danach gemeinsam laut.**
- **Bewegt euch ruhig im Rhythmus der Melodie und singt dann das Lied mit.**
- **...**

Ich denke nach

„Das möchte ich noch von Abraham und Sara wissen …"

„Das gefällt mir am besten an der Geschichte von Abraham und Sara …"

„Ich denke, Abraham und Sara haben Gott vertraut, weil …"

Kann man spüren, dass Gott da ist?

1 Macht aus der erzählten Geschichte eine gespielte Geschichte. Überlegt euch ein Rollenspiel (→ 127).

34

4 Ich kann mit Gott reden

Ich komme zur Ruhe

36

Zeit für Ruhe, Zeit für Stille,
Atem holen und nicht hetzen.

1 Welche Gedanken hast du, wenn du diese Bilder betrachtest? Beschreibe.
2 Bildet zwei Kreise. Ihr seid jetzt ein Kugellager (→ 126).
Erzählt davon, wie oder wo ihr Ruhe findet.
Der Innenkreis erzählt dem Außenkreis seine Gedanken.

Bilder erzählen von Gott

Gott ist für mich wie ...,
weil ...

1. **Tauscht euch darüber aus, welches Puzzleteil euch am besten gefällt. Begründet eure Meinung.**
2. **Welches Bild passt für dich am besten zu Gott? Male und gestalte dazu.**

Auch Jesus spricht in Bildern von Gott

Wenn ein Hirte 100 Schafe hat und verliert eines davon,
sucht er es so lange, bis er es findet.
Dann nimmt er es voller Freude auf seine Schultern
und trägt es zur Herde zurück.
Mit seinen Freunden und Nachbarn
feiert er ein riesiges Dankfest.
Gott ist wie ein guter Hirte,
der über seine Herde wacht.

nach Lukas 15, 1–7

1 Beschreibe das Bild von Gott, das Jesus in dieser Geschichte benutzt.
2 Erkläre, was Jesus den Menschen damit sagen möchte.

Wir können Gott alles anvertrauen

1. Die Kinder auf dem Bild sprechen mit Gott.
   Beschreibe, was du siehst.
2. Was möchtest du Gott sagen?
   Gestalte dazu dein eigenes Legebild.

Gott, dafür will ich dir danke sagen

Text: Rolf Krenzer / Musik: Ludger Edelkötter
© KiMu Kinder Musik Verlag GmbH, Pulheim /
Dagmar Krenzer-Domina

Kanon

1. Gott, da-für will ich dir dan-ke sa-gen,
dass du in gu-ten, in schlech-ten Ta-gen
2. ne-ben mir stehst und mit mir gehst, dich
selbst mir gibst, weil du mich liebst,
weil du mich liebst, oh-ne zu fra-gen.
Mit mei-nem Lied will ich dan-ke sa-gen.

1 Es gibt vieles, wofür man Gott danken kann. Schneide eine Blume aus. Schreibe oder male ein Beispiel darauf.

2 Gestaltet gemeinsam ein Bild mit euren Blumen.

Ich rede mit Gott

> Dein Wort ist meines Fußes Leuchte und ein Licht auf meinem Wege.
>
> Aus Psalm 119

> Lieber Gott, ich bitte dich,
> beschütze diese Nacht mich, meine ganze Familie und meinen Goldhamster.
>
> Max, 5 Jahre

Halte zu mir, guter Gott

Text: Rolf Krenzer / Musik: Ludger Edelkötter
© KiMu Kindermusikverlag GmbH, Velbert

Hal - te zu mir, gu - ter Gott, heut den gan - zen Tag.
Halt die Hän - de ü - ber mich, was auch kom - men mag.
Hal - te zu mir, gu - ter Gott, heut den gan - zen Tag.
Halt die Hän - de ü - ber mich, was auch kom - men mag.

Von guten Mächten wunderbar geborgen
erwarten wir getrost, was kommen mag.
Gott ist mit uns am Abend und am Morgen
und ganz gewiss an jedem neuen Tag.

Dietrich Bonhoeffer

Mein Vater bist du!
Mein Gott! Mein Fels und mein Heil!

Aus Psalm 89

Alle guten Gaben,
alles, was wir haben,
kommt o Gott von dir,
wir danken dir dafür.

Tischgebet

Mein Gott, mein Gott, warum hast du mich verlassen?

Aus Psalm 22

1 Entdeckst du in den unterschiedlichen Gebeten ein Lob, eine Klage, einen Dank oder eine Bitte? Erkläre es an einem Beispiel.

2 Schreibe ein Gebet auf, das du kennst, oder formuliere dein eigenes Gebet.

Ich denke nach

„Das ist mir beim Nachdenken über Gott besonders wichtig ..."

„Zum Gebet denke ich ..."

„Hiermit möchte ich mich noch beschäftigen ..."

Hört Gott alle Gebete?

1 Erstellt eine Gebetekartei für eure Klasse: Schreibt bei unterschiedlichen Anlässen Gebete auf und sammelt sie in einem Karton.

5 Ich staune über die Schöpfung

Ich entdecke die Welt

1 Tauscht euch darüber aus, was die Kinder in der Natur entdecken können. Was bringt sie zum Staunen?
2 Stellt euch Fernrohre her. Geht gemeinsam auf Entdeckungsreise in die Natur.
3 Malt, was euch besonders aufgefallen ist. Gestaltet aus euren Bildern ein Klassenposter.

Die Entstehung des Lebens

Wo komme ich her?

Warum gibt es Leben?

Warum bin ich auf der Welt?

DER ANFANG

Ist die Welt Gottes Schöpfung?

Ist die Welt durch einen Urknall entstanden?

1 Die Kinder auf dem Bild haben viele Fragen. Welche Fragen oder auch Antworten hast du? Tauscht euch im Gespräch darüber aus.

> Grau und leer.
> Einsam und langweilig.
> Kein Tier, keine Pflanze, kein Mensch weit und breit.
> Es gibt kein Du und kein Ich. ...
>
> So sähe es aus – wäre kein Leben entstanden.

2 Stelle dir vor, es wäre kein Leben entstanden. Finde Beispiele dafür, wie die Welt dann wäre. Beginne deine Sätze mit: Gäbe es kein ..., dann ...

3 Erstellt eine Mindmap (→ 127): Was gehört alles zum Leben dazu?

Gott als Schöpfer

1 Beschreibt das Bild.
2 Der Maler Sieger Köder nennt sein Bild „Schöpfung".
   Erklärt, warum er diesen Titel ausgewählt hat.
3 Findet Klänge zu dem Bild.

Zu der Zeit als Gott, der Herr,
Erde und Himmel machte,
gab es noch kein Gras
und keine Sträucher auf dem Feld;
denn Gott hatte es noch nicht regnen lassen.
Es gab auch noch niemanden,
der das Land bearbeiten konnte.
Nur ein Nebel stieg von der Erde auf
und befeuchtete den Boden.
Da nahm Gott, der Herr, Erde vom Ackerboden,
formte daraus den Menschen
und blies ihm den Lebensatem in die Nase.
So wurde der Mensch ein lebendiges Wesen.
Dann legte Gott im Osten, in Eden, einen Garten an.
Dorthin brachte Gott den Menschen, den er gemacht hatte.

nach 1. Mose 2, 4-8

1 Der biblische Text erzählt zu dem Bild auf Seite 50. Ordne dem Bild Wörter aus dem Text zu.

2 Gestaltet eigene Bilder zur Schöpfung. Fügt sie zu einem großen Schöpfungsbild zusammen.

Jeder ist in Gottes Schöpfung wichtig

Wie schön ist Gottes Schöpfung!

Es ist gut, dass du da bist, es ist gut, dass du lebst.

Zu jeder Zeit bist du bei mir.

Wo ich auch bin

Gott ist immer bei mir.

Nähme ich Flügel der Morgenröte und bliebe am äußersten Meer, so würde auch dort deine Hand mich führen und deine Rechte mich halten.

Ich danke dir dafür, dass ich wunderbar gemacht bin Wunderbar sind deine Werke, das erkennt meine Seele

Von allen Seiten umgibst du mich und hältst deine Hand über mich.

PSALM 139

Meine Gedanken

Meine Fragen

?

?

1 Die Kinder auf dieser Doppelseite arbeiten zu Psalm 139. Beschreibe, was entdeckst.

2 Sammelt eure Gedanken und Fragen zu Psalm 139 auf einem Plakat.

3 Sucht euch einen Vers aus Psalm 139 und gestaltet dazu.

Schöpfung bewahren

Geh aus, mein Herz, und suche Freud
in dieser lieben Sommerzeit
an deines Gottes Gaben;
schau an der schönen Gärten Zier
und siehe, wie sie mir und dir
sich ausgeschmücket haben,
sich ausgeschmücket haben.

Paul Gerhardt

1 **Erzähle zu dem Bild. Was bringt dich zum Staunen?**
2 **Sprecht den Memoriertext gemeinsam.**
3 **Der Memoriertext beschreibt die Freude an Gottes Schöpfung. Gestalte dazu ein Bild.**

Gesund frühstücken

Wasser sparen

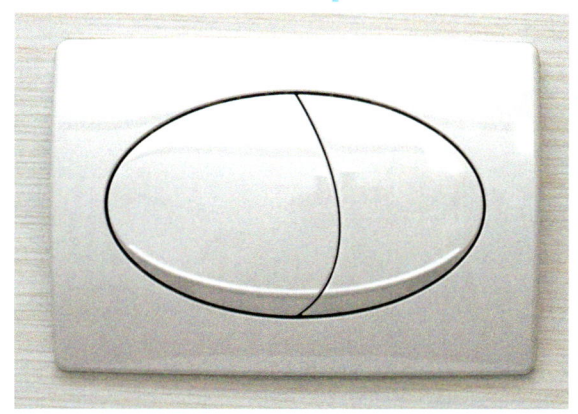

Umwelt sauber halten

Schulgarten pflegen

> Und Gott der Herr nahm den Menschen und setzte ihn in den Garten Eden, dass er ihn bebaute und bewahrte.
>
> 1. Mose 2, 15

1 Beschreibe, was du auf den Bildern sehen kannst.
2 Kennst du auch aus deiner Schule Aktionen, um die Schöpfung zu bewahren? Erzähle davon.
3 Erkläre, wie die Bilder und der Bibelvers zusammenhängen.
4 Plant eine gemeinsame Aktion in der Klasse oder Schule.

Gottes Schöpfung loben

Gott, unser Schöpfer, wir loben dich von ganzem 🩷.

Du bist schön. Licht ist dein 👕.

Du breitest den ☁️ aus wie einen 📜.

Gott, unser Schöpfer, wir loben dich von ganzem 🩷.

Du hast die 🌍 geschaffen und vom 💧 getrennt.

Das frische 🥛 löscht den Durst von 🦒🐻 und 👨‍👩‍👧.

Gott, unser Schöpfer, wir loben dich von ganzem 🩷.

Du lässt 🌱 wachsen für die 🦒🐻 und 🌾 für die 👨‍👩‍👧.

Du hast den 🌙 und die ☀️ geschaffen.

Gott, unser Schöpfer, wir loben dich von ganzem 🩷.

nach Psalm 104

1 Lies den Text mithilfe der Bilder.
2 Ein Satz kommt mehrmals vor. Sprecht ihn gemeinsam.
3 Mit diesen Worten hat ein Mensch in der Bibel Gott gelobt. Möchtest du Gott auch für etwas loben? Nenne ein Beispiel und begründe deine Wahl.
4 Gestalte deinen eigenen Psalmvers.

Laudato si

Traditionelles Lied/Text nach Franz von Assisi, 1225
deutscher Text: Winfried Pilz/Melodie: aus Italien
© Deutscher Text: Verlag Haus Altenberg, Düsseldorf

Lau-da-to si, o mio Sig-nor, lau-da-to si, o mio Sig-nor,
lau-da-to si, o mio Sig-nor, lau-da-to si, o mio Sig-nor!

1. Sei ge-prie-sen für al-le dei-ne Wer-ke! Sei ge-prie-sen für Son-ne, Mond und Ster-ne! Sei ge-prie-sen für Meer und Kon-ti-nen-te! Sei ge-prie-sen, denn du bist wun-der-bar, Herr!

von Beginn bis „Fine"

Laudato si...

2. Sei gepriesen für Licht und Dunkelheiten!
   Sei gepriesen für Nächte und für Tage!

   Sei gepriesen für Jahre und Sekunden!
   Sei gepriesen, denn du bist wunderbar, Herr!

   Laudato si...

3. Sei gepriesen für Wolken, Wind und Regen!
   Sei gepriesen, du lässt die Quellen springen!

   Sei gepriesen, du lässt die Felder reifen!
   Sei gepriesen, denn du bist wunderbar, Herr!

1 Singt das Lied und erfindet passende Bewegungen dazu.
2 Dichtet eine eigene Strophe.

Gott danken

58

Alle guten Gaben

Text: mündlich überliefert/Musik: Horst Weber
© Fidula-Verlag, Boppard

Al - le gu - ten Ga - ben, al - les, was wir ha - ben,
kommt, o Gott, von dir. Dank sei dir da - für.

1 Die Kinder auf den Bildern loben und danken Gott für seine Schöpfung. Erzähle, wie sie es tun.
2 Sprecht den Liedvers und singt ihn dann gemeinsam.
3 Plant ein Dankfest. Ladet dazu Gäste ein.

Ich denke nach

„Das habe ich entdeckt ..."

„Darüber habe ich gestaunt ..."

„Dazu möchte ich noch forschen ..."

Warum ist es ein Unterschied, ob du *Natur* oder *Schöpfung* sagst?

Kunststoff | Restmüll | Papier | Glas

Und du?

1 Wie kannst du dabei helfen, die Schöpfung zu bewahren? Mache Werbung für deine Idee.

6 Ich bin auf meinen Wegen nicht allein

Mein Leben ist wie ein Weg

1 Beschreibt die Stationen auf diesem Lebensweg.
2 Einige Felder sind noch frei.
Nennt mögliche weitere Stationen.
3 Gestalte mit verschiedenen Materialien deinen eigenen Lebensweg.

63

Ich gehe meinen Weg

Ich gehe meinen Weg

Text: Sabine Grünschläger-Brenneke / Musik: Sebastian Schade

1. Ich gehe meinen Weg, mal langsam und mal schnell, mal ist er trüb und dunkel, mal strahlt die Sonne hell. ist, bei mir ist.

2. Ich gehe meinen Weg,
   mal geht es kreuz und quer.
   Wo ist mein Weg geblieben?
   Ich sehe ihn nicht mehr.

3. Ich gehe meinen Weg,
   auch über Stock und Stein.
   Wie komm ich bloß darüber?
   Ich schaff das nicht allein.

4. Ich gehe meinen Weg,
   und bin doch ganz gewiss,
   auch wenn ich mich allein fühl,
   Gott sicher bei mir ist,
   bei mir ist.

1 Das Lied beschreibt den Lebensweg eines Menschen. Erzähle, was du auf deinem Lebensweg schon erlebt hast.

2 Stellt eine Strophe pantomimisch (mit Bewegungen ohne Worte) dar. Lasst eine andere Gruppe raten.

... und mit meinem Gott kann ich über Mauern springen.

Psalm 18, 30b

1 Beschreibe, was du auf dem Bild siehst.
2 Tauscht euch darüber aus, was der Psalmvers ausdrückt.
3 Was hilft dir, Schwierigkeiten auf deinem Lebensweg zu überwinden? Male oder schreibe Beispiele auf Karten und lege sie auf die Figur im Bild.

Josef

Josef sitzt im Brunnen. Er erinnert sich noch
an die Gesichter seiner Brüder.
Voller Hass und Neid haben sie ihn angeschaut.
Was ist geschehen?

1 Erkläre, warum Josefs Brüder voller Hass und Neid sind.
**2 Josef ist allein und traurig. Er sucht nach Worten
für ein Gebet. Hilf ihm, seine Gedanken aufzuschreiben.**

Die Brüder sind immer noch wütend.
Sie ziehen Josef aus dem Brunnen
und verkaufen ihn an Händler einer Karawane,
die nach Ägypten unterwegs ist.
Dann kehren sie zu ihrem Vater Jakob zurück.

nach 1. Mose 37

3 **Was könnten die Brüder dem Vater auf diesem Bild sagen? Spielt das Gespräch in einem Rollenspiel (127) vor.**

Gott ist bei Josef

In Ägypten wird Josef als Sklave an Potifar,
den Obersten der Wache des Pharao, verkauft.
Potifar meint es gut mit ihm. Potifars Frau erzählt Lügen
über Josef und so kommt er ins Gefängnis.
Doch Gott ist immer bei Josef.
Als er die Träume des Pharao deutet,
kommt er frei und wird zu seinem Vertrauten.

nach 1. Mose 39 und 41

**1 Die Ägypter erzählen sich in den Straßen,
was am Hof des Pharao geschehen ist. Stellt euch vor,
ihr seid als Reporter dabei. Notiert euch Fragen
für ein Interview (→ 127) und führt es vor.**

Als die Hungersnot anbricht, haben die Ägypter genug Vorräte.
Josef hat gut vorgesorgt.
Jakob schickt seine Söhne nach Ägypten.
Sie sollen dort Getreide kaufen.
Josef erkennt seine Brüder.
Er kann ihnen verzeihen.
Er weiß, dass Gott die ganze Zeit mit ihm war.

nach 1. Mose 45 und 50, 20

2 Überlegt euch und schreibt auf, was in den Denkblasen auf diesem Bild stehen könnte.

3 Stellt die Situation nach, in der Josef seine Brüder trifft.

Ich denke nach

„Dazu habe ich noch eine Frage ..."

„Das möchte ich noch über Josef wissen ..."

„Diesen Satz möchte ich mir merken ..."

Begleitet Gott jeden Menschen? Wie kann das sein?

1 **Erforscht Lebenswege von Menschen, die euch wichtig sind.**

7 Ich lerne Jesus kennen

Jesus kommt aus Galiläa

1 Hier siehst du einen Ort in Galiläa zur Zeit Jesu. Schau ihn dir genau an.

2 Bildet zwei Kreise. Ihr seid jetzt ein Kugellager (→ 126). Der Außenkreis erzählt dem Innenkreis, was er auf dem Bild beobachtet hat. Beginnt die Sätze mit „Mir ist aufgefallen …".

Jesus ist Jude

Jesus wird als Jude geboren.
Seine Mutter Maria ist Jüdin.

Maria und Josef gehen mit Jesus zum Tempel in Jerusalem. Es ist üblich, den erstgeborenen Jungen Gott vorzustellen.

Jesus feiert mit seiner Familie Sukkot, das Laubhüttenfest.
An diesem Fest erinnert man sich an das Einsammeln der Ernte und daran, dass die Israeliten beim Auszug aus Ägypten keine richtige Wohnung hatten.

Jesus liest im Unterricht in der Synagoge aus der Tora.

1 **Betrachte die Bilder und lies die Texte.**
2 **Erzähle, was du über Jesus erfährst.**
3 **Gestalte einen Lebensweg mit dem, was du jetzt schon von Jesus weißt.**

Jeder kann zu Jesus kommen

Jesus ist in einem Haus. Das Haus ist voller Menschen.
Vier Männer bringen einen kranken Freund. Er ist gelähmt.
Sie tragen ihn in einer Decke. Sie wollen zu Jesus.
Doch sie kommen nicht in das Haus.
Da steigen sie auf das Dach. Sie brechen ein Loch in das Dach.
Sie lassen den Kranken zu Jesus hinunter.

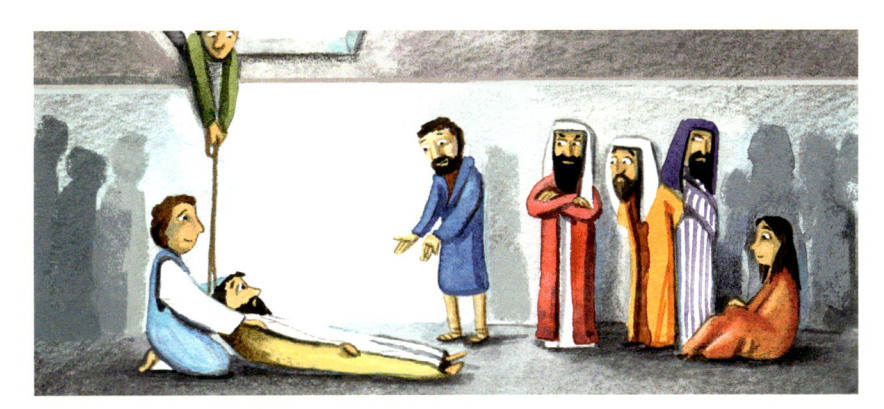

Jesus sieht, dass sie ihm vertrauen.
Er sagt zu dem gelähmten Mann: „Steh auf, deine Schuld ist dir vergeben." Einige Schriftgelehrte schütteln den Kopf. Sie denken: „Nur Gott kann Schuld vergeben." Doch Jesus sagt zu ihnen: „Ich kann es auch."
Dann sagt er zu dem gelähmten Mann: „Steh auf. Nimm deine Decke. Geh nach Hause." Der Mann steht auf und geht hinaus.
Die Menschen staunen.

1 **Setze einen Spielstein auf die Person im Bild, für die du sprechen möchtest. Entwickelt ein Gespräch.**
2 **Stellt euch die Ergebnisse vor.**
3 **Tragt euch gegenseitig auf einer Decke durch den Klassenraum.**
 Spürt, wie es ist, sich helfen zu lassen und von anderen getragen zu werden.

Jeder ist für Jesus wichtig

76

Rebekka: Kommt alle mit! Jesus ist da.
Jakob: Ich möchte zu ihm.
Rebekka: Seht mal, Zachäus ist auch hier.
Jakob: Was macht dieser Zöllner denn hier?
Diesen reichen Mann mag doch keiner!
Ruth: Wo ist er denn?
Benjamin: Da oben auf dem Baum.
Ruth: Ja, jetzt sehe ich ihn auch.
Jakob: Schaut mal, Jesus ist stehen geblieben
und spricht mit ihm.
Jesus: Zachäus, steig herunter!
Ich will heute in dein Haus kommen.
Ruth: Guckt mal, wie schnell Zachäus
wieder auf dem Boden ist und vor Freude strahlt.
Rebekka: Warum sucht sich Jesus
ausgerechnet Zachäus aus?
Benjamin: Zöllner! Betrüger! Zöllner! Betrüger!
Zachäus: Die Hälfte von meinem Besitz gebe ich den Armen.
Und wenn ich jemanden betrogen habe,
dann bekommt er vier Mal soviel von mir zurück.
Jesus: Zachäus, heute hast du ein neues Leben angefangen.

nach Lukas 19, 1–10

1 **Spielt die Geschichte in einem Rollenspiel (127) nach.**
2 **Rebekka fragt sich: Warum hat Zachäus ein neues Leben angefangen?**
Was würdest du ihr antworten? Schreibe Rebekka einen Brief.

Jeder kann Jesus um Hilfe bitten

Bartimäuslied

K: Otmar Desch / T (1. Strophe) © Otmar Desch
Text (2.–4. Strophe) © Christian Gauer / Christian Meier:
Bausteine für den Religionsunterricht Box
II: Bibelbilder zum Neuen Testament. Der
Unterrichtsordner, Spectra-Lehrmittel-Verlag, Essen

1. Bar-ti-mä-us schreit und schreit, und man hört es mei-len-weit.
„Ich will seh'n, ich will seh'n! Könnt ihr das denn nicht ver-steh'n?"

2. Und die Leute sind nervös.
Auf den Schreihals schau'n sie bös.
„Sei doch still, sei doch still.
Jesus zu uns sprechen will."

3. Doch auch Jesus hört den Mann.
Weiß, dass er ihm helfen kann.
„Holt ihn her, holt ihn her,
denn sein Glaube hilft ihm sehr."

4. Bartimäus strahlt und lacht.
Niemand hätte das gedacht.
„Ich kann seh'n, ich kann seh'n!
Und mit Jesus will ich geh'n."

1 Der Liedtext erzählt die Geschichte zu dem Bild.
Singt das Lied gemeinsam.

2 Gibt es etwas, wofür du Jesus um Hilfe bitten würdest?
Schneide ein Herz aus. Schreibe ein Gebet darauf.

3 Gestaltet aus euren kleinen Herzen gemeinsam
ein großes Herz.

Jesus kannst du vertrauen

Jesus steigt in ein Schiff. Die Jüngerinnen und Jünger folgen ihm.

Auf dem See gerät das Schiff in einen Sturm. Die Wellen schaukeln es hin und her.

Jesus schläft.

Die Jüngerinnen und Jünger können ihre Angst nicht mehr aushalten. Sie gehen zu Jesus und wecken ihn.

Jesus steht auf und beruhigt das Meer und den Sturm.
Es wird ganz still.
Jesus sagt: „Warum habt ihr solche Angst? Warum vertraut ihr mir nicht?"

Die Jüngerinnen und Jünger wundern sich:
„Was ist das für ein Mann, dem Wind und Meer gehorchen?"

1 **Die Bilder erzählen eine Geschichte aus der Bibel (Markus 4, 35-41). Berichte darüber, was du auf ihnen entdeckst.**
2 **Versetze dich in die Lage der Jüngerinnen und Jünger. Schreibe oder male in Denk- und Sprechblasen, was sie fühlen und sagen.**
3 **Lege die Denk- und Sprechblasen in die Bilder im Buch.**
4 **Hast du schon einmal wie die Jüngerinnen und Jünger Angst gehabt? Wer hat dir geholfen? Erzähle davon.**

Ich denke nach

„Diese Geschichten von Jesus kenne ich auch noch ... "

„Das habe ich Neues über Jesus erfahren ..."

„Das würde ich Jesus gerne fragen ..."

Warum erzählen Menschen heute noch von Jesus?

Unser Jesus-Buch

Komm herunter

Jesus geht auf Zachäus zu

1 **Gestaltet ein eigenes Buch mit allen Geschichten von Jesus, die ihr kennt.**

8 Ich gehe in die Kirche

TAUF-BECKEN

ORGEL ALTAR

KANZEL

Reli-Reise

Ich lerne eine Kirche kennen

Glocke Hochzeit
singen
Kindergottesdienst

1 Berichte, was du schon zum Thema Kirche weißt.
2 Schreibt auf Karteikarten, was ihr noch erforschen möchtet.

3 **Die Kinder erkunden den Innenraum einer Kirche. Beschreibe, was sie tun.**

4 **Welche Dinge weisen im Kirchraum auf die Nähe Gottes hin? Tauscht euch über eure Gedanken aus.**

5 **Geht gemeinsam in die Kirche und macht eigene Erfahrungen. Erklärt die Bedeutung der Gegenstände.**

Die Kirche – ein Haus voller Leben

1 Evangelische und katholische Christen feiern in der Kirche. Erzähle zu den Feiern, die auf den Bildern gezeigt werden.

2 Was hast du schon in der Kirche erlebt? Gestalte ein Bild dazu.

Die Kirche – ein Haus der Stille

Wo zwei oder drei in meinem Namen

Text: Matthäus 18,20 (frei)
Musik: Jesus-Bruderschaft Gnadenthal
© Präsenz Verlag, Gnadenthal

1. Wo zwei oder drei in meinem Namen versammelt sind, da bin ich mitten unter ihnen.
2. Wo zwei oder drei in meinem Namen versammelt sind, da bin ich mitten unter ihnen.

1 Evangelische und katholische Christen gehen in die Kirche, um Gottes Wort zu hören und zur Ruhe zu kommen. Beschreibe, was du auf dieser Seite entdeckst.

Die Bibel – ein besonderes Buch

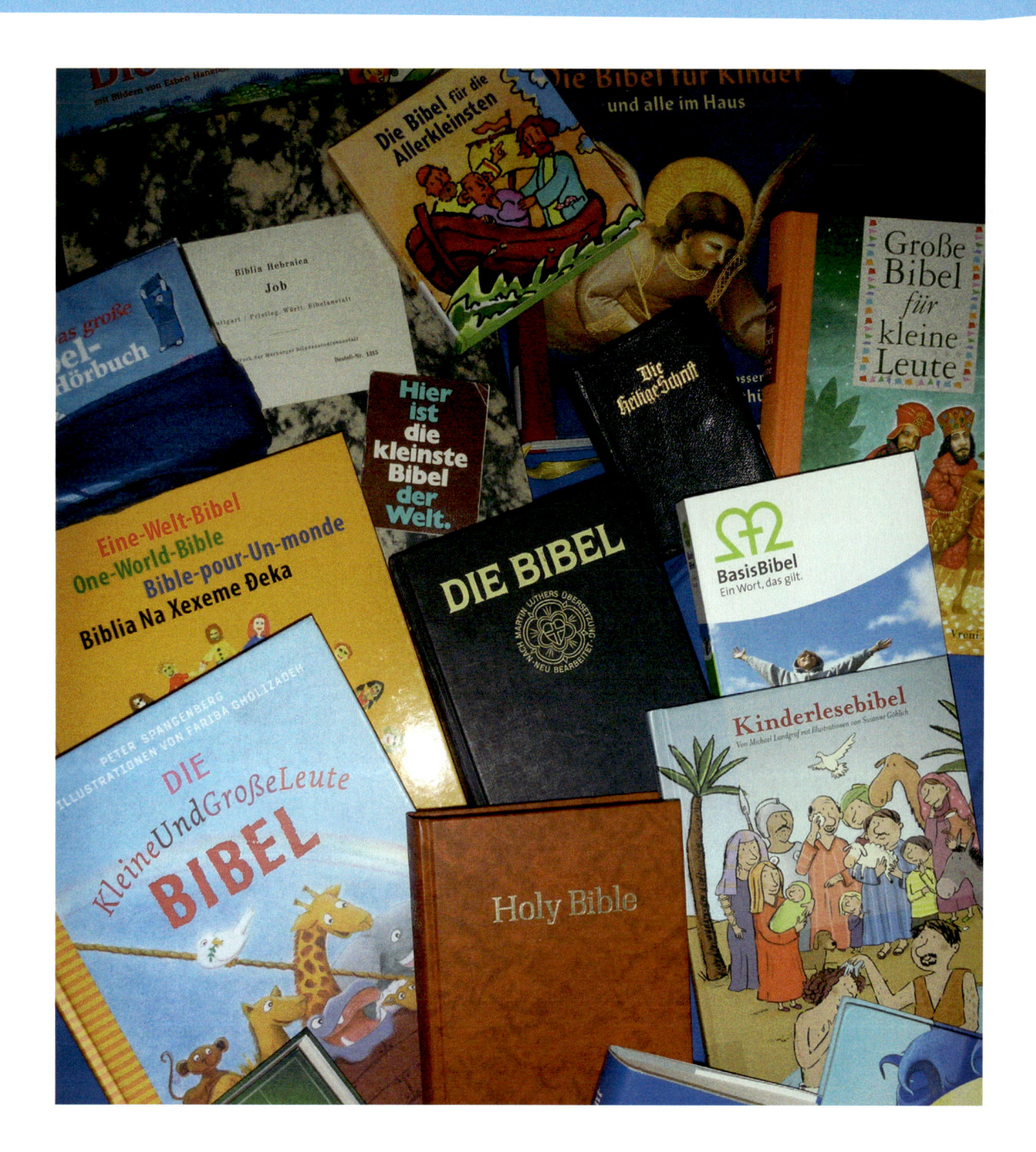

1 Auf dem Büchertisch liegen unterschiedliche Bibeln. Beschreibe sie.

2 Forscht nach, ob ihr noch andere Bibeln findet. Gestaltet damit einen Büchertisch in eurer Klasse. Ihr könnt auch eigene Kinderbibeln mitbringen.

So saßen die Israeliten oft zusammen und erzählten sich Geschichten von Menschen, die in ihrem Leben besondere Erfahrungen mit Gott gemacht hatten. Später schrieben die Gelehrten die Geschichten auf, damit sie nicht in Vergessenheit gerieten.
So entstand das Alte Testamen (AT).

Die Jüngerinnen und Jünger haben viel mit Jesus zusammen erlebt. Immer wieder haben sie anderen davon erzählt, was Jesus gesagt hat und was ihm wichtig war. Damit davon nichts vergessen wird, haben Menschen die Geschichten nach seinem Tod und seiner Auferstehung aufgeschrieben.
So entstand das Neue Testament (NT).

1 Erkläre, warum Menschen ihre Erfahrungen mit Gott weitererzählt und aufgeschrieben haben.

2 Tauscht euch darüber aus, warum die Bibel auch heute noch ein wichtiges Buch für die Menschen ist.

# Ich denke nach

„Das finde ich besonders wichtig ..."

„Das habe ich Neues erfahren ..."

„Davon möchte ich jemandem erzählen ..."

Was würde fehlen, wenn es keine Kirchen gäbe?

1. **Sammelt Informationen zum Leben in eurer Kirchengemeinde.**
2. **Gestaltet eine Infotafel über eure Gemeinde.**

9 Ich begegne Religionen

Wir sind verschieden

Mein Name: Max
Meine Religion: Christentum
Unser heiliges Buch: Bibel
Unser Gotteshaus: Kirche
Ein besonderer Tag: Sonntag
Glaubensbekenntnis: Ich glaube an Gott, den Vater, den Allmächtigen, den Schöpfer des Himmels und der Erde. ...
Ein besonderes Fest: Weihnachten
Das weiß ich noch über meine Religion: Ich bin evangelisch. Aber es gibt auch noch katholische und orthodoxe Christen. Vor langer Zeit hat sich das Christentum aufgeteilt, weil man sich über einige Glaubensfragen nicht einigen konnte.

Vor etwas mehr als 2000 Jahren hat Jesus in Palästina gelebt. Er wurde gekreuzigt, starb und ist wieder auferweckt worden.

Mein Name: Luisa
Meine Religion: keine
Unser heiliges Buch: –
Unser Gotteshaus: –
Ein besonderer Tag: Samstag
Glaubensbekenntnis: –
Ein besonderes Fest: Karneval
Das weiß ich noch (über meine Religion): Ich gehöre keiner Religi[on] an. Ich bin auch nicht getauft. Me[ine] Eltern sagen, dass ich mich spät[er] selbst entscheiden soll. Ich gehe aber gern in den Religionsunter[richt] weil ich die Geschichten von Go[tt] und Jesus total spannend finde. [An] Weihnachten gehe ich auch mi[t] meiner Familie in die Kirche.

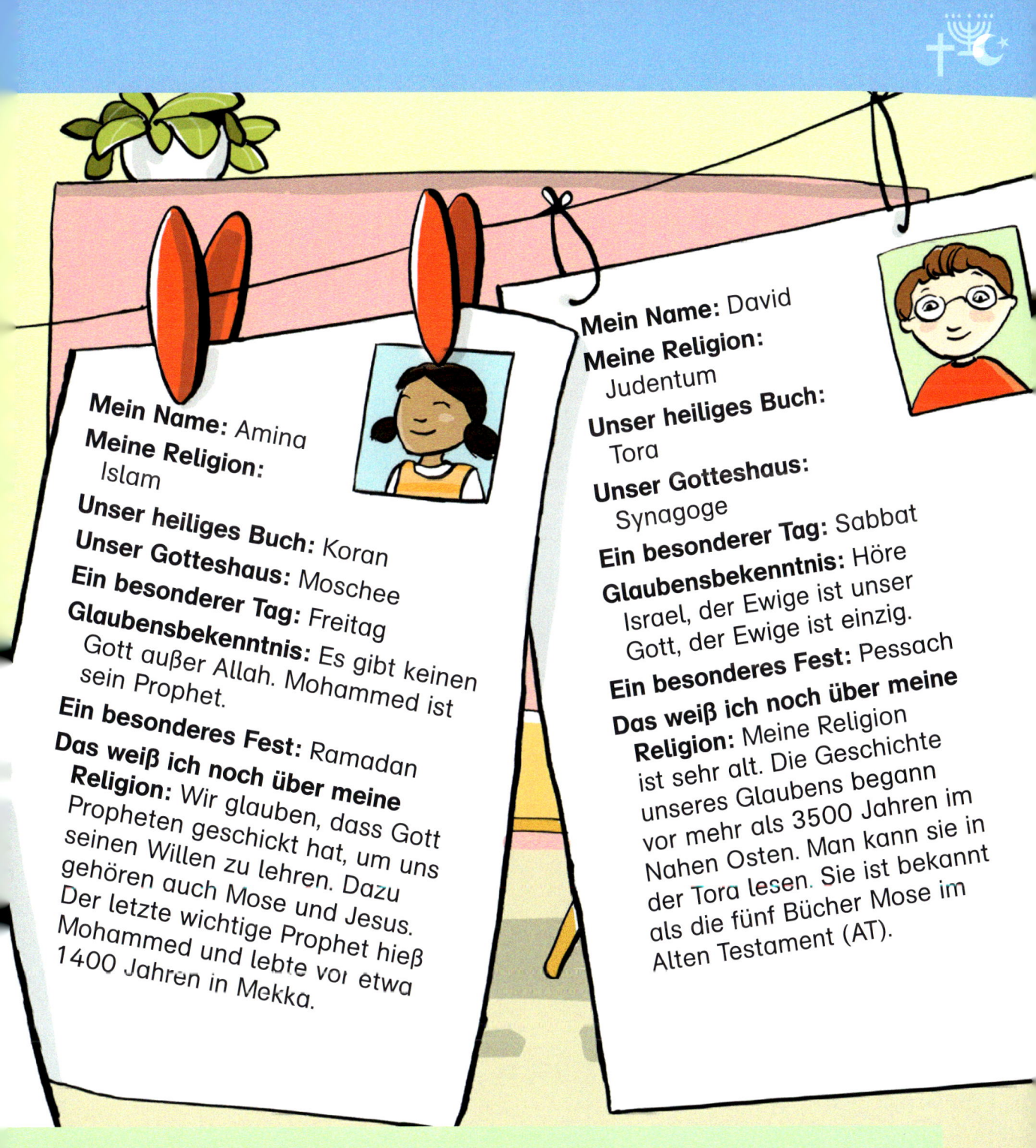

Mein Name: Amina
Meine Religion: Islam
Unser heiliges Buch: Koran
Unser Gotteshaus: Moschee
Ein besonderer Tag: Freitag
Glaubensbekenntnis: Es gibt keinen Gott außer Allah. Mohammed ist sein Prophet.
Ein besonderes Fest: Ramadan
Das weiß ich noch über meine Religion: Wir glauben, dass Gott Propheten geschickt hat, um uns seinen Willen zu lehren. Dazu gehören auch Mose und Jesus. Der letzte wichtige Prophet hieß Mohammed und lebte vor etwa 1400 Jahren in Mekka.

Mein Name: David
Meine Religion: Judentum
Unser heiliges Buch: Tora
Unser Gotteshaus: Synagoge
Ein besonderer Tag: Sabbat
Glaubensbekenntnis: Höre Israel, der Ewige ist unser Gott, der Ewige ist einzig.
Ein besonderes Fest: Pessach
Das weiß ich noch über meine Religion: Meine Religion ist sehr alt. Die Geschichte unseres Glaubens begann vor mehr als 3500 Jahren im Nahen Osten. Man kann sie in der Tora lesen. Sie ist bekannt als die fünf Bücher Mose im Alten Testament (AT).

1 Die Kinder haben einen Steckbrief zu ihrer Religion geschrieben. Erzähle, welche Informationen du entnehmen kannst. Schreibe deinen eigenen Steckbrief.

2 Vergleicht eure Steckbriefe miteinander. Haltet Gemeinsamkeiten und Unterschiede der Religionen fest.

Evangelisch – katholisch

Orgel Kirchenbank Kreuz
Kanzel Kelch
Altar
Weihwasserbecken
Taufbecken
Bibel
Beichtstuhl
Hostienteller Heiligenfigur
Tabernakel Osterkerze

1 Erzähle zu den Bildern.
2 Ordnet die Begriffskarten: Welche Gegenstände sind in einer evangelischen und welche in einer katholischen Kirche zu finden?
3 Legt ein Band um die Karten, die Dinge benennen, die in beiden Kirchen vorkommen.

1. Tauscht euch mit euren katholischen Mitschülerinnen und Mitschülern darüber aus, was euch bekannt vorkommt.
2. Berichtet vom evangelischen und katholischen Gemeindeleben in eurem Wohnort.
3. Erzählt, was für eure Konfession (evangelisch/katholisch) typisch ist.

Ich lerne eine Moschee ...

1 So sieht eine Moschee von innen aus.
Beschreibe, was du auf dem Bild entdeckst.

2 Informiere dich über die Namen der Dinge,
an denen ein Schild ist.
Schreibe die Namen auf Kärtchen und lege diese
an die passende Stelle im Bild.

... und eine Synagoge kennen

1. **So sieht eine Synagoge von innen aus. Beschreibe, was du siehst.**
2. **Informiere dich über die Namen der Dinge, an denen ein Schild ist. Schreibe die Namen auf Kärtchen und lege diese an die passende Stelle im Bild.**
3. **Tauscht euch im Gruppenpuzzle (126) darüber aus, was in der Moschee und der Synagoge ähnlich und was unterschiedlich ist.**

Leben in der Moschee ...

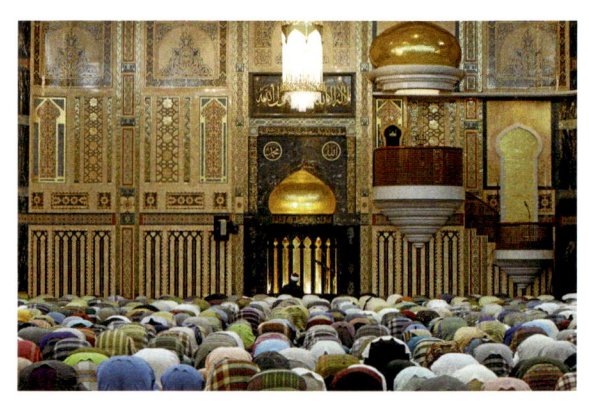

1 Muslime beten, feiern und lernen in der Moschee. Was ist auf den Bildern zu sehen? Erzählt euch gegenseitig, was ihr schon kennt.

2 Befragt muslimische Kinder, wenn ihr etwas nicht wisst.

... und in der Synagoge

1. Juden beten, feiern und lernen in der Synagoge.
   Was ist auf den Bildern zu sehen? Erzählt euch gegenseitig, was ihr schon kennt.
2. Welche Gemeinsamkeiten zwischen Juden, Muslimen und Christen findet ihr? Schreibt einen Informationstext.

Ich denke nach

„Das finde ich an den verschiedenen Religionen interessant ..."

„Das finde ich bei allen Religionen besonders wichtig ..."

„Dazu habe ich noch Fragen ..."

Warum gibt es unterschiedliche Religionen?

1 Was ist wichtig, wenn Menschen mit verschiedenen Religionen zusammenleben? Schreibt zwei oder drei Regeln auf und hängt sie in euren Klassenraum.

10 Ich erlebe das Kirchenjahr

Unser Jahr

1 Welche Feste feiern die Kinder auf diesem Bild?
Sammelt eure Gedanken und erstellt eine Mindmap (→ 127).
2 Erzähle von deinem Lieblingsfest.
3 Das Kirchenjahr beginnt mit dem ersten Advent.
Nenne noch mehr christliche Feste.

Advent

In der Adventszeit
bereiten wir uns
auf das Weihnachtsfest vor …

… und warten
gespannt.

Am 6. Dezember erinnern wir uns
an den Bischof Nikolaus.

1 **In der Advents- und Weihnachtszeit gibt es viel zu riechen, zu schmecken, zu hören, zu fühlen und zu sehen. Gestaltet einen Ausstellungstisch dazu.**

Das Licht einer Kerze

Text: Rolf Krenzer/Musik: Peter Janssens
© Peter Janssens Musikverlag, Telgte

1. Das Licht einer Kerze ist im Advent erwacht.
   Eine kleine Kerze leuchtet durch die Nacht.
   Alle Menschen warten hier und überall,
   warten voller Hoffnung auf das Kind im Stall.
   Kind im Stall.

2. Wir zünden zwei Kerzen jetzt am Adventskranz an.
   Und die beiden Kerzen sagen's allen dann:
   Lasst uns alle hoffen hier und überall,
   hoffen voll Vertrauen auf das Kind im Stall.
   Lasst uns alle hoffen hier und überall,
   hoffen voll Vertrauen auf das Kind im Stall.

3. Es leuchten drei Kerzen so hell mit ihrem Licht.
   Gott hält sein Versprechen. Er vergisst uns nicht.
   Lasst uns ihm vertrauen hier und überall.
   Zeichen seiner Liebe ist das Kind im Stall.
   Lasst uns ihm vertrauen hier und überall.
   Zeichen seiner Liebe ist das Kind im Stall.

4. Vier Kerzen hell erstrahlen durch die Dunkelheit.
   Gott schenkt uns den Frieden. Macht euch jetzt bereit.
   Gott ist immer bei uns hier und überall.
   Darum lasst uns loben unsern Herrn im Stall!
   Gott ist immer bei uns hier und überall.
   Darum lasst uns loben unsern Herrn im Stall!

1 **Lest gemeinsam den Text des Liedes.**
2 **Erzählt, welche Botschaften die Kerzen am Adventskranz weitertragen.**
3 **Singt das Lied.**

Seht, die gute Zeit ist nah

Seht, die gute Zeit ist nah

Melodie: aus Mähren (frei)
Text: Walz, Friedrich Walz
© Erlanger Verlag für Mission und Ökumene, Erlangen

Kanon

1. Seht, die gu-te Zeit ist nah, Gott kommt auf die Er-de, kommt und ist für al-le da, kommt, dass Frie-de wer-de, kommt, dass Frie-de wer-de.

2. Hirt und König, Groß und Klein,
   Kranke und Gesunde, Arme, Reiche lädt er ein,
   freut euch auf die Stunde, freut euch auf die Stunde.

„Fürchte dich nicht!",
sprach der Engel zu Maria.
„Du wirst einen Sohn
bekommen und du sollst
ihn Jesus nennen."

„Fürchtet euch nicht!",
sprach der Engel
zu den Hirten.
Die Hirten machten sich auf
den Weg zur Krippe.

An Weihnachten
erinnern wir uns daran,
dass Jesus geboren wurde.

Ihr Kinderlein, kommet

Text: Christoph von Schmid, 1811

Ihr Kinderlein kommet, o kommet doch all,
zur Krippe her kommet, in Bethlehems Stall,
und seht, was in dieser hochheiligen Nacht
der Vater im Himmel für Freude uns macht.

1 **Singt gemeinsam das Lied.**
2 **Erzähle, was auf den Bildern geschieht. Du kannst auf ihnen Teile aus der Weihnachtsgeschichte entdecken.
In der Bibel kannst du die Geschichten bei Lukas 1, 26-38 und Lukas 2, 1-20 nachlesen.**
3 **Spielt eine Szene aus den Geschichten mit Figuren nach.**
4 **Baut den Text „Ihr Kinderlein kommet" in euer Spiel ein.**

Weihnachten

W
E sel
I
H üsse
N
A hristbaum
C
H
T
E
N

Bethlehem
Maria Josef
Jesus im Stroh
betende Hirten knien davor
Bethlehem

Kirche

Weihnachten

leckeres Essen

1 Die Kinder haben an verschiedenen Stationen zum Thema „Weihnachten" gearbeitet. Ihr könnt einige der Ergebnisse sehen. Macht es wie sie und gestaltet eine Wand zu Weihnachten in eurer Klasse.

2 Tauscht euch darüber aus, was für euch an Weihnachten besonders wichtig ist.

3 Die Kinder führen ein Krippenspiel auf.
Erzähle von deinen eigenen Erlebnissen.
4 Spielt die Weihnachtsgeschichte selbst in einem Rollenspiel (127) nach.

Passion

Jesus betet zu Gott. Die Jüngerinnen und Jünger schlafen.

Jesus wir...

Jesus teilt mit seinen Freunden Brot und Wein.

GRÜNDONNERSTAG

PALMSONNTAG

Jesus reitet auf einem Esel in die Stadt Jerusalem.

ftet und ausgelacht.

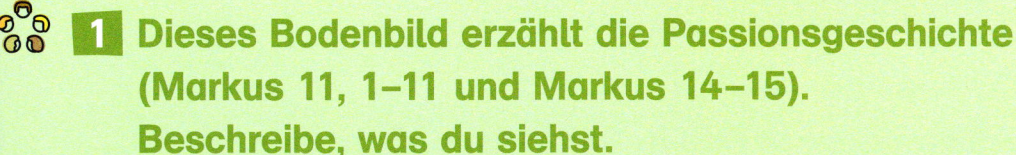

KARFREITAG

Jesus wird verurteilt.

Jesus stirbt am Kreuz.

1. **Dieses Bodenbild erzählt die Passionsgeschichte (Markus 11, 1–11 und Markus 14–15). Beschreibe, was du siehst.**
2. **Begründe, warum die Tücher diese Farben haben.**
3. **Jemand, der bei Jesus war, berichtet von dem, was geschehen ist. Setze eine Figur in das Bild im Buch. Lass sie erzählen, was sie erlebt hat.**

Ostern

OSTERN

Jesus ist tot.
Die Jüngerinnen und Jünger sind traurig.

Die Frauen entdecken:
Das Grab ist leer.
Sie hören die frohe Botschaft:
Jesus ist auferstanden.

1. **Dieses Bodenbild erzählt von Ostern (Lukas 24, 1–10). Beschreibe, was du siehst.**
2. **Gestaltet euer eigenes Bild in der Klasse. Schaut euch dazu auch das Bodenbild auf den Seiten 110 und 111 an.**
3. **Stell dir vor, du wärst eine Jüngerin oder ein Jünger. Erzähle an den Stationen des Bodenbildes, wie du dich fühlst.**

Jesus lebt, ich freue mich

Text und Musik: mündlich überliefert
Quelle unbekannt

1. Jesus lebt, ich freue mich. Halleluja.
   Freut euch alle so wie ich. Halleluja.

2. Jesus lebt, klatscht in die Hand. Halleluja.
   Ruft es laut in alle Land. Halleluja!

3. Jesus lebt, mit Freude singt. Halleluja,
   dass es hell und laut erklingt. Halleluja!

4. Jesus lebt, lobt Gott, den Herrn. Halleluja.
   Alle Menschen soll'n es hör'n. Halleluja!

5. Jesus lebt, das Osterlicht. Halleluja.
   Dunkelheit und Nacht durchbricht. Halleluja!

1 Singt gemeinsam das Lied.

Osterbräuche

Das Ei ist ein Zeichen für das Leben. Als Osterei wurde es zu einem Zeichen für den Tod und die Auferstehung von Jesus. Rot war eine bevorzugte Farbe, um die hart gekochten Eier anzumalen. Rot erinnert an das Blut Christi, aber auch an Freude und Leben.

Man weiß nicht genau, warum der Osterhase seit dem 17. Jahrhundert zum Osterfest gehört. Manche behaupten, dass es etwas mit der Fruchtbarkeit der Hasen zu tun haben soll.
Der Hase ist ein Tier, das Leben schafft. Ostern ist ein Fest des Lebens.

An Ostern erinnern wir uns daran, dass Jesus das Dunkel des Todes durch die Auferstehung in das Licht des Lebens verwandelt. Als Zeichen dafür werden in der Nacht von Samstag auf Ostersonntag die Osterfeuer entzündet.

1 Tauscht euch über die Osterbräuche aus.
2 Was kennt ihr noch vom Osterfest.

Kennst du mich?

Ich bin eine Osterkerze. Vielleicht hast du mich ja schon einmal in einer Kirche gesehen. Ich bin dort meist die größte Kerze, die in der Nähe des Altars oder des Taufbeckens steht.

In der Osternacht ist es zuerst ganz dunkel in der Kirche. Doch dann werde ich angezündet und mache die Kirche hell. Das ist ein Zeichen dafür, dass Jesus den Tod überwunden hat und uns Licht und Hoffnung gibt.

Wenn ich brenne, erinnere ich alle daran, dass Jesus einmal gesagt hat: „Ich bin das Licht der Welt. Wer mir nachfolgt, der wird nicht wandeln in der Finsternis, sondern das Licht des Lebens haben." (Johannes 8, 12)

Deshalb wird bei einer Taufe auch die Taufkerze des Kindes an mir entzündet.

1 **Gestalte deine eigene Osterkerze.**

Weiter geht's im Kirchenjahr

Am Pfingstfest erinnern wir uns daran, dass die Jüngerinnen und Jünger die Kraft Gottes, den Heiligen Geist, gespürt haben. Sie haben in verschiedenen Sprachen von Gott und Jesus erzählt.

Am Erntedankfest danken wir Gott für alles, was wir geerntet haben.

Am Reformationstag denken wir an Martin Luther und an die Reformation.

Am Ewigkeitssonntag erinnern wir uns an die Menschen, die gestorben sind.

1 Hast du schon eines dieser Feste gefeiert? Berichte davon.
2 Ordnet die Feste in das Kirchenjahr ein.

Sankt Martin ritt durch Schnee und Wind

Text und Melodie aus dem Rheinland

1. Sankt Martin, Sankt Martin, Sankt Martin ritt durch Schnee und Wind, sein Ross, das trug ihn fort geschwind. Sankt Martin ritt mit leichtem Mut, sein Mantel deckt ihn warm und gut.

2. Im Schnee saß, im Schnee saß,
   im Schnee, da saß ein armer Mann,
   hat Kleider nicht, hat Lumpen an:
   „O helft mir doch in meiner Not,
   sonst ist der bitt're Frost mein Tod!"

3. Sankt Martin, Sankt Martin,
   Sankt Martin zieht die Zügel an,
   sein Ross steht still beim armen Mann.
   Sankt Martin mit dem Schwerte teilt
   den warmen Mantel unverweilt.

4. Sankt Martin, Sankt Martin,
   Sankt Martin gibt den halben still,
   der Bettler rasch ihm danken will.
   Sankt Martin aber ritt in Eil
   hinweg mit seinem Mantelteil.

3 Das Lied erzählt eine Geschichte von Sankt Martin. Kennst du noch eine andere? Erzähle sie.

4 Singt das Lied und spielt die Geschichte dazu in einem Rollenspiel (127).

Ich denke nach

„Dieses Fest feiere ich am liebsten, weil ..."

„Zu diesem Fest habe ich noch Fragen ..."

„Diese Feste kenne ich auch noch ..."

Warum feiern Menschen?

1 Gestaltet einen Festkalender für eure Klasse.

Anhang

Auf der Reli-Reise gibt es
viel zu entdecken und zu erfahren.
Du hast Geschichten aus der Bibel kennengelernt.
Auf den nächsten Seiten kannst du
darüber nachdenken und dich erinnern.

Mit dem Spiel reist du
noch einmal durch das ganze Buch.

Bei den Arbeitsformen kannst du nachlesen,
wie das Lernen mit deinen Mitschülerinnen und Mitschülern
leichter wird und was du dabei beachten kannst.

Diese Geschichten kenne ich
aus dem Alten und Neuen Testament 120/121
Spiel: Komm mit auf die Reli-Reise! 122/123
Arbeitsformen 124–127

Diese Geschichten kenne ich ...

Altes Testament

Segen

Hoffnung

Leben

Vergebung

.. aus dem Alten und Neuen Testament

Neues Testament

Vertrauen

Angst

Gemeinschaft

Nächstenliebe

1 Diesen Geschichten bist du auf deiner Reli-Reise begegnet.
Erzähle zu den Bildern.
2 Lies die Begriffe auf den Wortkarten.
Überlege dir, zu welcher Geschichte sie gehören könnten.
3 Verbinde Bild und Wortkarte mit einem Faden.
Begründe deine Meinung.
4 Welche Geschichten hast du noch kennengelernt?
Gestalte ein Bild dazu.

Spiel: Komm mit auf die Reli-Reise!

Spielvorbereitung

- Entscheidet euch für ein Kapitel aus dem Buch.
  Denkt euch dazu Fragen, Aktionen oder Ereignisse aus.
  Schreibt sie auf kleine farbige Karten.
  Ein Beispiel für Kapitel 6 (Seiten 66–69 – Josef):

| Wie heißt der Vater von Josef? | Josef wird nach Ägypten verkauft. Suche dir drei Kinder und ziehe mit ihnen als Karawane durch die Klasse. | Josef wird von seinen Brüdern in den Brunnen geworfen. Setze einmal aus. |

Spielanleitung

- Legt einen Würfel bereit. Stellt eure Setzsteine an den Start.
- Würfelt nacheinander. Wer auf ein farbiges Feld kommt, muss eine Karte ziehen.

Arbeitsformen

Ein Gespräch führen

Schaut einander an.

Jede und jeder darf seine Meinung sagen.

Hört alle aufmerksam zu.
Nachfragen ist erlaubt.

Jede und jeder wird ernst genommen.
Niemand wird ausgelacht.

Eine Aufgabe bearbeiten

Lest die Arbeitsanweisung gut durch.

Besprecht sie gemeinsam.

Klärt Fragen. Beachtet die Arbeitszeit.

Entwickelt gemeinsam Ideen.
Verteilt Aufgaben.

Haltet wichtige Ergebnisse fest.
Überlegt, wie ihr sie präsentiert.

Partnerarbeit

Arbeitet zu zweit an einer Aufgabe.
Helft euch gegenseitig.
Denkt an die Regeln:
 und .

Gruppenarbeit

Bildet kleine Gruppen.
In diesen Gruppen arbeitet ihr jetzt zusammen.
Helft euch dabei gegenseitig.
Denkt an die Regeln:
 und .

Kreisgespräch

Bildet einen Kreis.
Achtet darauf, dass jede und jeder einen Platz findet.
Denkt an die Regeln:

Tipp: Es ist einfacher,
eine Reihenfolge zu finden,
wenn ihr euch meldet.
Ihr könnt auch einen Erzählstein weitergeben.
Wer den Stein in der Hand hat, darf sprechen.

Arbeitsformen

Kugellager

Bildet einen Innenkreis
und einen Außenkreis.
Stellt oder setzt euch gegenüber.
Tauscht euch zu dem
verabredeten Thema aus.
Ihr bekommt ein Zeichen,
wenn ihr zum nächsten Partner wechselt.

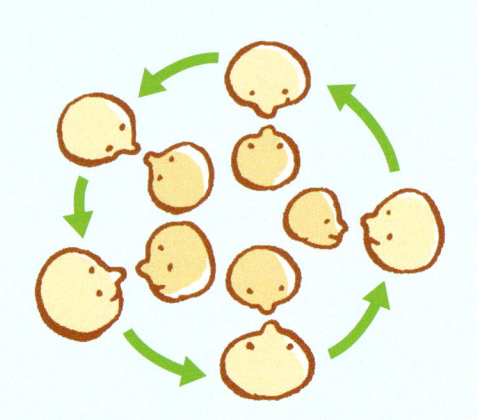

Gruppenpuzzle

Bildet Gruppen.
Jede und jeder bekommt einen Teil der Aufgabe.

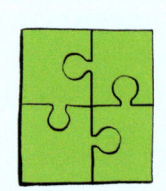

Trefft euch in der Expertenrunde.
Tauscht dort eure Ergebnisse aus.

Stellt euch danach in eurer Gruppe
die Ergebnisse aus der Expertenrunde vor.
Überlegt, wie ihr eure Ergebnisse präsentiert.

Mindmap

Arbeitet allein, mit einem Partner
oder in Gruppen.
Nehmt einen großen Bogen Papier.
Schreibt in die Mitte das Thema
und kreist es ein.
Schreibt eure Gedanken zu dem Thema
auf das Blatt und verbindet sie mit einer Linie.

Rollenspiel

Überlegt, wie viele Personen mitspielen.
Entscheidet, wer welche Rolle übernimmt.
Macht euch Gedanken über die Gefühle
und die passende Körperhaltung.
Was sagt ihr? Wie sprecht ihr in eurer Rolle?
Besorgt euch alles, was ihr benötigt,
z. B. Tücher und Stühle.
Wie viel Platz braucht ihr?
Besprecht den Ablauf des Spiels.

Interview

Überlegt euch Fragen zum Thema des Interviews.
Schreibt sie auf Karten. Trefft eine Auswahl.
Wen möchtet ihr interviewen? Macht einen Termin
und gebt Zeit zur Vorbereitung des Gesprächs.
Haltet beim Interview die Antworten
in wenigen Worten auf Karten fest.
Wie ist das Ergebnis? Ihr könnt zur besseren
Übersicht die Antworten den Fragekarten zuordnen.

Textquellennachweis

S. 9: Du bist spitze, du bist genial. Auf: Du bist spitze (CD), Lied 13. Text: Uwe Lal, Melodie: Uwe Lal. © ABAKUS Musik Barbara Fietz, 35753 Greifenstein; **S. 30:** Geh, Abraham, geh. Text und Musik: Gerald Schele. © 1985 SCM Hänssler, D-71087 Holzgerlingen; **S. 33:** Bewahre uns, Gott. In: Evangelisches Gesangbuch. Ausgabe für die Evangelisch-Lutherischen Kirchen in Bayern und Thüringen. Lied 171. Text: Eugen Eckert. Musik: Anders Ruuth. © (Text) Strube Verlag GmbH, München-Berlin, © (Musik) Carus-Verlag, Stuttgart, **S. 41:** Gott, dafür will ich dir danke sagen. In: Gottes guter Segen. Neues Liederbuch von Rolf Krenzer, Lied 85. Text: Rolf Krenzer, © Dagmar Krenzer-Domina (RN Rolf Krenzer). Melodie: Ludger Edelkötter. © KiMu Kinder Musik Verlag GmbH, 50259 Pulheim; **S. 43:** Dietrich Bonhoeffer: Von guten Mächten wunderbar geborgen. In: Widerstand und Ergebung. Briefe und Aufzeichnungen aus der Haft. © München/Gütersloher Verlagshaus, Gütersloh 1998, S. 607 f.; **S. 57:** Laudato si. Traditionelles Lied. In: Halleluja. Lieder vom Aufbruch. Herausgegeben vom Bistum Essen. © Bonifatius Verlag. Text nach Franz von Assisi, 1225. Deutscher Text: Winfried Pilz. Melodie: aus Italien © Deutscher Text: Verlag Haus Altenberg, Düsseldorf; **S. 59:** Alle guten Gaben. In: Mitten unter uns. Gebete und Lieder für die Grundschule. Diesterweg/Don Bosco Verlag, München. Text: mündlich überliefert. Musik: Horst Weber. © Fidula-Verlag, Boppard; **S. 79:** Das Bartimäuslied. © Noten und Text (1. Strophe): Otmar Desch, Text (2.–4. Strophe): Christian Gauer/Christian Meier; **S. 87:** Wo zwei oder drei in meinem Namen. In: Mitten unter uns. Gebete und Lieder für die Grundschule. Diesterweg/Don Bosco Verlag, München. Text und Musik: Kommunität Gnadenthal. © Präsenz Verlag, Gnadenthal, **S. 105:** Das Licht einer Kerze. In: Mitten unter uns. Gebete und Lieder für die Grundschule. Diesterweg/Don Bosco Verlag, München. Text: Rolf Krenzer/Musik: Peter Janssen. © Peter Janssens Musikverlag, Telgte; **S. 106:** Seht, die gute Zeit ist nah. In: Mitten unter uns. Gebete und Lieder für die Grundschule. Diesterweg/Don Bosco Verlag, München. Text und Musik: Friedrich Walz, 1972, nach einem Weihnachtslied aus Mähren; **S. 107:** Ihr Kinderlein, kommet. In: Mitten unter uns. Gebete und Lieder für die Grundschule. Diesterweg/Don Bosco Verlag, München. Text: Christoph von Schmid, 1811; **S. 113:** Jesus lebt, ich freue mich. In: Mitten unter uns. Gebete und Lieder für die Grundschule. Diesterweg/Don Bosco Verlag, München. Text und Musik: mündlich überliefert. Autor unbekannt; **S. 117:** Sankt Martin ritt durch Schnee und Wind. In: Mitten unter uns. Gebete und Lieder für die Grundschule. Diesterweg/Don Bosco Verlag, München. Text und Melodie aus dem Rheinland. Autor unbekannt

Als Grundlage für alle Bibeltexte des Werkes dient: Die Bibel. Nach der Übersetzung Martin Luthers. © Deutsche Bibelgesellschaft, Stuttgart, 1999.

Bildquellennachweis

akg-images, **104.2, 116.3;** (Olivier Martel), Berlin, **98.4;** Avenue Images GmbH (Stockbyte RF, George Doyle), Hamburg, **16.1;** Boiting, Manfred, Essen, **116.1;** Bredemeyer, Helge, Diepholz, **86.2;** Corbis (Robert Mulder / Godong), Berlin, **99.2;** endenich-online, Bonn, **86.1;** epd-bild, Frankfurt, **16.2, 32.4, 42.2, 86.4, 95.1;** f1 online digitale Bildagentur, **18.5;** (Imagebroker), Frankfurt, **23.7;** Fotolia.com (acanthurus666), **100.2;** (brendie), **99.3, 100.1, 123.3;** (clearlens), **98.3, 100.3, 123.2;** (Howard Sandler), **99.1;** (Jörg Lantelme), **55.1;** (Luftbildfotograf), **23.1;** (Lynne Carpenter), **64;** (Martina), **114.3;** (Somenski), **18.3;** (vadim kozlovsky), **32.2;** (Waldemar Milz), New York, **55.2;** Getty Images, **23.3;** (Images News), München, **99.5;** Hüsch & Hüsch GmbH (Illustration Heinrich Hüsch), Aachen, **23.4, 117;** Imago, **116.4;** (Becker und Bredel), **55.3;** (blickwinkel), **55.4;** (emil umdorf), **18.6;** (Hartenfelser), **23.2;** (Kristin Schnell), **18.2;** (UPI Photo), Berlin, **99.4;** iStockphoto (MachineHeadz), Calgary, Alberta, **18.4;** Karl Wiedemann Wachswarenfabrik GmbH, Deggemdorf, **115;** Klett-Archiv, Stuttgart Illustration: Liliane Oser, Hamburg, Bild rechts unten: © Sieger Köder, Schöpfung, **53;** (Franz Staudhammer), **95.2;** (Sabine Grünschläger-Brenneke / Micaela Röse), **27.1, 28, 29, 31, 88, 127.1;** (Thomas Weccard), Stuttgart, **17.2;** laif (Shawn Baldwin / The New York Times), Köln, **98.1;** Lore Brunner, Wels, **58.6, 59.4;** MEV Verlag GmbH, Augsburg, **104.1;** Picture-Alliance, **17.1;** (dpa / Britta Pedersen), **23.6;** (dpa / Karl-Josef Hildenbrand), **98.5;** (dpa / Patrick Pleul), **60.2;** (dpa / Waltraud Grubitzsch), Frankfurt, **16.5;** Rahm, Harald, **95.4;** © Sieger Köder, Mit meinem Gott überspringe ich Mauern, **65;** © Sieger Köder, Schöpfung, Ostfildern-Ruit, **50;** shutterstock (Bianda Ahmad Hisham), **98.2;** (Crystal Kirk), **58.5;** (greenland), **18.1;** (Hannes Eichinger), **114.1;** (Morgan Lane Photography), **70.3;** (Pakhnyushcha), **23.5;** (Rod Beverley), New York, NY, **86.3;** Thinkstock, **17.1, 60.1, 104.3;** (BananaStock), **70.2;** (Hemera), **114.2;** (iStockphoto), **27.2;** (John Rowley), **17.3;** (Monkey Business), München, **32.3;** Ullstein Bild GmbH (Imagebroker.net), **116.2;** (Leber), Berlin, **95.3;** VISUM Foto GmbH (Holde Schneider), **58.2;** (Sintesi / Luigi Innamorati), Hamburg, **16.3**

Sollte es in einem Einzelfall nicht gelungen sein, den korrekten Rechteinhaber ausfindig zu machen, so werden berechtigte Ansprüche selbstverständlich im Rahmen der üblichen Regelungen abgegolten.

1. Auflage   1 6 5 4 3 2 1 | 2018 17 16 15 14

Alle Drucke dieser Auflage sind unverändert und können im Unterricht nebeneinander verwendet werden.
Die letzte Zahl bezeichnet das Jahr des Druckes.

Das Werk und seine Teile sind urheberrechtlich geschützt. Jede Nutzung in anderen als den gesetzlich zugelassenen Fällen bedarf der vorherigen schriftlichen Einwilligung des Verlages. Hinweis § 52 a UrhG: Weder das Werk noch seine Teile dürfen ohne eine solche Einwilligung eingescannt und in ein Netzwerk eingestellt werden. Dies gilt auch für Intranets von Schulen und sonstigen Bildungseinrichtungen. Fotomechanische oder andere Wiedergabeverfahren nur mit Genehmigung des Verlages.

© Ernst Klett Verlag GmbH, Stuttgart 2014. Alle Rechte vorbehalten. www.klett.de
Programmbereich Klett-Auer

Autorinnen und Autoren: Sabine Grünschläger-Brenneke, Bochum; Micaela Röse, Ennepetal
Beraterin: Christine Probst, Stammham
Unter Mitwirkung von: Christian Gauer, Herten; Simone Graser, Aalen; Antje Kruza, Bochum; Hans-Jürgen Röhrig, Hennef; Axel Wiemer, Schwäbisch Gmünd

Redaktion: Claudius Kretzer, Kerstin Stumpp
Herstellung: Dominik Staudacher

Gestaltung: Stefanie Kaufhold mit weissbunt, Berlin
Illustrationen: Liliane Oser, Hamburg; Fariba Gholizadeh, Stuttgart
Reproduktion: Meyle + Müller, Medien-Management, Pforzheim
Satz: Arnold & Domnick, Leipzig
Druck: FIRMENGRUPPE APPL, aprinta druck, Wemding

Printed in Germany
ISBN 978-3-12-006810-5